Sabine Eich

PERFEKT STRUKTURIERT!
Zeit- und Selbstmanagement
mit der Elfmeteruhr

© Sabine Eich
Lektorat: Rainer Vollmar, Frankfurt am Main
Typografie, Illustrationen und Umschlaggestaltung:
Christiane Hahn, www.christianehahn.de, Frankfurt am Main
Herstellung und Verlag: BoD – Books on Demand,
Norderstedt
ISBN: 978-3-7322-3966-5
Printed in Germany

Sabine Eich

PERFEKT STRUKTURIERT!
Zeit- und Selbstmanagement
mit der Elfmeteruhr

INHALT

1. Einleitung 7
2. Soziale Grundlagen 12
3. Ressourcen 16
4. Kraftspender 18
5. Zielsetzung 20
6. Überprüfung des Ziels 23
7. Wie entschlossen sind Sie? 25
8. Umgang mit Druck 27
9. Trainingsfelder 31
10. Zeit- und Selbstmanagement mit der Elfmeteruhr 39
11. Die persönliche Elfmeteruhr 42
12. Probeschuss 47
13. Das Prinzip der Wiederholung 52
14. Das Elfmeteruhr-Analyse-Buch ... 53
15. Werte 55
16. Ihr persönliches Wertesystem 57
17. Stabilität durch Rituale 60
18. Merk- und Leitsätze 61

Kurzbeschreibung

Alle Menschen verfügen über enormes Potential, können es aber nicht immer richtig entfalten. Schon gar nicht zu einem bestimmten Zeitpunkt unter Druck und Stress. In erster Linie hindern sie sich selbst daran. Zu einem guten Selbstmanagement gehört auch die mentale Vorbereitung. Sie ist mehr als die halbe Miete für eine gelungene Darbietung, egal ob im Alltag, Sport oder Beruf. Sie nimmt Druck und Stress, verhindert den ‚worst case' und führt zu konstant guten Leistungen. Doch wie schafft man es, sich selbst zu managen und gut zu organisieren? Wie bereitet man sich optimal auf wichtige Termine vor? Welche Voraussetzungen müssen erfüllt sein, welche mentalen Trainingsfelder stehen zur Verfügung? Was kann man von Sportlern lernen? In diesem Buch finden Sie Antworten darauf.

Betrachten Sie dieses Buch als Wegweiser, wie Sie sich auf einfache Weise strukturieren können. Bereiten Sie sich optimal auf wichtige Termine, entscheidende Präsentationen, einmalige Chancen vor: auf den Elfmeter in Alltag und Beruf. Behalten sie entspannt den Überblick mit der von mir entwickelten Elfmeteruhr: Erstellen und visualisieren Sie sich Ihr persönliches Zeit- und Selbstmanagement.

Grundlagen, Ressourcen, Zielsetzung, Klärung von Entschlossenheit, Übungen, Probeschüsse, Trainingsfelder ... Kapitel für Kapitel zum sicheren Treffer!

1 Einleitung

Führungskräfte und Hochleistungssportler, aber auch Angestellte benötigen oftmals DIE Punktlandung. Erfolgreich ist, wer 100 Prozent seiner Leistung zum richtigen Zeitpunkt abrufen kann. Dazu bedarf es einer optimalen Vorbereitung.

Die meisten Menschen bereiten sich im Beruf nur fachlich vor oder lassen vorbereiten. Sportler trainieren oftmals nur ihren Körper. Über die Wichtigkeit anderer Fähigkeiten und Kompetenzen wird meist gar nicht erst nachgedacht.

Für konstant erfolgreiche Hochleistungssportler ist Mentaltraining kein Fremdwort, sondern fester Bestandteil ihres Trainings. Sie erreichen so die mentale Stärke, die für den Erfolg entscheidend ist. Denn nur wer in einzigartigen Momenten auch ausgeprägte kognitive Fähigkeiten besitzt, kann den Elfmeter sicher verwandeln.

Mit mentalem Training wird das persönliche Navigationssystem für alle möglichen und unmöglichen Situationen erstellt. Erst dieses System verleiht einem die Fähigkeit, sich auch außerhalb seiner Komfortzonen gut zurechtzufinden. Nur wer auf alles vorbereitet ist und entsprechende Strategien dafür entwickelt hat, wird die Reise in unbekannte Gebiete unbeschadet überstehen.

Mit der Zeit können auf diese Weise immer mehr ‚fremde Gebiete' erobert werden. Das Routine-Terrain wird immer größer und bleibt doch übersichtlich.

Je besser das Navigationssystem ausgestattet ist, desto souveräner und selbstbewusster kann agiert und der Elfmeterpunkt zielsicher angesteuert werden. Einmalige Chancen werden optimal genutzt.

Mit dem von mir speziell entwickelten Tool, der Elfmeteruhr, können Sie sich auf einfachste Weise strukturieren und somit perfekt auf entscheidende Termine vorbereiten.

> *»Das was man im Leben am meisten bereut, sind die verpassten Chancen.«*
> unbekannt

Am nachfolgenden Beispiel des Herrn M. wird deutlich, wie für viele Führungskräfte die Vorbereitung auf wichtige Termine aussieht:

Die Vorbereitungen des Herrn M.

Herr M. ist Abteilungsleiter eines mittelständischen Unternehmens.
- Ressourcen: unbekannt
- Sonstige Interessen: Sport, passiv

Er wirkt meist getrieben, da er geschäftliche und private Prioritäten vermischt und somit immer unter Zeitdruck steht.

In vier Wochen ist ein wichtiger Termin beim Vorstand anberaumt. Herr M. beginnt mit den Vorbereitungen: Er trägt sich den Termin in drei verschiedene Kalender ein und lässt sicherheitshalber seine Assistentin bei der Vorstandssekretärin nachfragen, ob der Termin wirklich an diesem Tag zu dieser Uhrzeit stattfindet.

Die Präsentation delegiert er komplett an einen seiner Mitarbeiter. Zwischen Tür und Angel werden diesem Stichpunkte für die Präsentation zugeworfen. Für Herrn M. ist klar: Der Kollege soll sich selbständig Gedanken machen und eine entsprechende Präsentation erstellen.

3 Wochen vor dem Termin

Der Kollege, der für die Präsentation verantwortlich ist, hat das Grundgerüst fertig. Er benötigt aber noch einige Informationen, um sie rechtzeitig fertig zu stellen. Er fragt in regelmäßigen Abständen nach einem Termin bei Herrn M. an, um alles durchzusprechen. Leider vergebens. Zu viele private und andere geschäftliche Dinge müssen noch erledigt werden. Er beginnt notgedrungen alleine mit der Umsetzung.

2 Wochen vor dem Termin

Der Mitarbeiter gibt die fertige Präsentation dem Chef. Der hört nur mit halbem Ohr zu und legt die Präsentation erstmal auf die Seite, er hat ja noch zwei Wochen Zeit.

1 Woche vor dem Termin

Herr M. schnauzt seinen Mitarbeiter an, wann er endlich die Präsentation erhält. Der irritierte Mitarbeiter verweist darauf, dass Herr M. sie bereits vorliegen habe. Herr M. sucht zusammen mit der herbeigerufenen Sekretärin fieberhaft auf seinem überfüllten Schreibtisch nach der Präsentation – und findet sie schließlich. Er überfliegt die ihm vorliegende Fassung und nimmt Änderungen vor, die innerhalb der nächsten Stunde eingefügt werden sollen.

Er nimmt sich vor, die Präsentation am Nachmittag noch einmal durchzulesen, vergisst aber seine zweitägige Dienstreise, zu der er am Nachmittag aufbrechen muss. Die Präsentation bleibt auf seinem Tisch liegen.

3 Tage vor dem Termin

Herrn M.s Nervosität steigt sichtbar. Er befürchtet, die Präsentation wird weder rechtzeitig noch fehlerfrei fertig.

Herr M. zitiert den Mitarbeiter spontan zu sich. Ein dringendes Telefonat lässt diesen jedoch erstmal 30 Minuten warten. Die geänderte Präsentation lässt sich Herr M. dann in der nun knapp bemessenen Zeit erläutern und nimmt erneut Änderungen vor, die sofort umgesetzt werden müssen.

Mitarbeiter werden aus heiterem Himmel angeblafft.

1 Tag vor dem Termin

Herr M. ist mit der Präsentation einverstanden, liest sie sich kurz durch, legt sie auf seinen Tisch und geht drei Stunden dienstlich essen.

Er lässt über seine Sekretärin nachfragen, ob zu dem Vorstandstermin auch Häppchen serviert werden.

Am Morgen des Termins

Herr M. ist sichtlich nervös. Über Nacht sind ihm noch Aspekte für die Präsentation eingefallen, die aber nicht mehr aufgenommen werden können. Um die Nervosität zu bekämpfen, trinkt er einige Tassen Kaffee. Er liest sich die Präsentation noch einmal kurz durch und macht sich Randnotizen. Er darf nicht gestört werden.

30 Minuten vor dem Termin

Herr M. verschwindet auf dem stillen Örtchen und wird längere Zeit vermisst.

15 Minuten vor dem Termin

Ein letzter Espresso soll ihn auf die Präsentation einstimmen.

10 Minuten vor dem Termin

Herr M. bringt seine Haare mit Haarspray in Form. Wer jetzt sein Büro betritt, muss mit Atemnot rechnen. Er sucht nochmals die Toilettenräume auf, wäscht sich die schweißnassen Hände.

5 Minuten vor Termin

Herr M. stürzt aus seinem Büro, um kurz darauf wieder zurückzukehren und die vergessene Präsentation mitzunehmen.

1 Minute vor Beginn des Termins

Er ist vor Ort.

Wird Herr M. 100 Prozent seiner Leistung abliefern und eine überzeugende Präsentation darbieten?

Dieses Buch ist für alle Menschen als Unterstützung gedacht, sich besser vorzubereiten.

2 Soziale Grundlagen

Neben dem entsprechenden Können und Wissen sollte jeder, der beruflich, sportlich und persönlich erfolgreich sein will, über Soft Skills verfügen.

Die Fachkompetenz eines Managers oder die technische Brillanz eines Sportlers sagen nicht allzu viel über den Menschen an sich aus. Es ist die Kombination aus Können, Wissen und sozialer Kompetenz, die zum Erfolg führt.

> Der neu eingekaufte Fußballprofi glänzt mit technischem Können und allerlei Tricks. Allerdings auch mit Alleingängen, die nicht nur das eine oder andere Tor kosten, sondern auch Unruhe in die Mannschaft bringen. Den Mitspielern ist der Ärger immer öfter anzumerken, wenn statt sinnvoller Pässe zu besser postierten Mitspielern die Torchancen durch seine Dribblings vergeben werden.
> Obwohl die Mannschaft insgesamt auf einem hohen Niveau spielt, erreicht sie am Saisonende nicht einen der angestrebten und eigentlich machbaren vorderen Plätze. Der Teamgeist wurde durch einen einzelnen Spieler ge- und am Ende zerstört.
>
> Zu Beginn der neuen Saison wird in einem Teamcoaching ein gemeinsames Ziel erarbeitet und damit ein WIR-Gefühl geschaffen. Auch der ‚neue' Fußballprofi erkennt, dass nur alle zusammen das Ziel erreichen können und Alleingänge nicht zur Erhaltung des Teamgeistes beitragen. Teambuildingmaßnahmen tragen zu einer verbesserten und wertschätzenden Kommunikation untereinander bei, eine unabdingbare Voraussetzung für die Leistungsfähigkeit eines Teams.

Wer über soziale Kompetenz (soft skills) verfügt, besitzt die
Fähigkeit das Verhalten und die Einstellung von Mitarbeitern und anderen Mannschafts-/Teammitgliedern positiv zu beeinflussen.

**Im Allgemeinen zählen zur sozialen Kompetenz
die Kenntnisse und Fähigkeiten**
- im Umgang mit sich selbst —> **Selbstwertgefühl, Wertschätzung, Eigenverantwortung,** …
- im Umgang mit Anderen —> **Achtung, Toleranz, Respekt,** …
- in Bezug auf Zusammenarbeit —> **Teamfähigkeit, Motivation, Konfliktfähigkeit,** …
- in Bezug auf Führungsqualitäten —> **Verantwortung, Vorbildfunktion, Konsequenz,** …
- Emotionale Intelligenz **(EQ)**

Der EQ bleibt oftmals unberücksichtigt, obwohl diese Form der Intelligenz eine große Rolle in der Persönlichkeitsentwicklung spielt.

WAS BEDEUTET EQ?
Der Einfluss von Emotionen auf das Handeln von Menschen ist unbestritten. Schon der Evolutionsbiologe Charles Darwin hat sich im 19. Jahrhundert mit Emotionen beschäftigt und deren Funktion hinterfragt. Laut seiner These, die inzwischen die meisten Forscher teilen, hat die Entwicklung von Emotionen zu einem Überlebensvorteil der Spezies Mensch geführt.

Gefühle helfen uns, Situationen und Menschen einzuschätzen, indem gesammelte Informationen innerhalb von Sekundenbruchteilen abgerufen werden.
Sie mobilisieren unsere Energie, etwas zu tun oder zu lassen und immer wieder aufs Neue flexibel auf Anforderungen zu reagieren.
In jeder Entscheidungssituation spielen Gefühle – meist unbewusst – eine gewichtige Rolle und können niemals ausgeschlossen oder abgespalten werden.
Damit ergänzen sie die Arbeit des Verstandes, der versucht, Entscheidungen mittels Logik zu treffen.

Die differenzierte Wahrnehmung, die Fähigkeit, mit Emotionen umzugehen und sie zu kommunizieren, und die Fähigkeit, sich in andere Menschen einzufühlen (Empathie), wird als Emotionale Intelligenz (EQ) bezeichnet. Menschen, die sportlich und beruflich erfolgreich sind, zeichnen sich häufig durch einen ausgeprägten EQ aus. Sie sind in der Lage, realistisch einzuschätzen, welche Handlungen welche Emotionen auslösen können („Was wird passieren, wenn...?") und nutzen dieses Wissen als Grundlage für ihre Entscheidungsfindung.

Nur wer Gefühle und Denken zueinander in Beziehung setzen kann, ist auch in der Lage, seine Emotionen in den Dienst der Sache zu stellen. Oder eben auch nicht, wie folgendes Beispiel zeigt:

Der Handballer regt sich fürchterlich über eine Schiedsrichterentscheidung auf. Er ‚flippt' regelrecht aus und ist nicht mehr zu stoppen. Das Resultat ist eine rote Karte wegen Meckerns. Der Platzverweis ist weder ihm noch der Mannschaft dienlich.
Mittels Mental-Coaching lernt er, seine Gefühle und seine Gedanken miteinander in Verbindung zu bringen, und wird sich dadurch seiner bisherigen Handlungen bewusst.
Durch neue Strategien gelingt es ihm immer besser, sich zu steuern und sinnlose Handlungen zu vermeiden.

So kann die Rede eines Vorstandsvorsitzenden vor der Belegschaft in einem Fiasko enden oder auf große Zustimmung stoßen. Vorausgesetzt, er macht sich im Vorfeld Gedanken darüber, welche Äußerungen bei den Mitarbeitern welche Emotionen auslösen.

Aus diesem Grunde muss auch immer die emotionale Seite einer Handlung berücksichtigt und geklärt werden.

Das emotionale System ist in jedem Menschen von Natur aus angelegt. Der Umgang damit wird mittels Erfahrungen und basierend auf Vorbildern erlernt.

③ Ressourcen

Ressourcen sind zum Beispiel
- All Ihre Fertigkeiten und Fähigkeiten
- All das, was Sie gut können und gerne tun
  → *Kapitel 4: Kraftspender, Seite 18*
- Ihre Lebenserfahrung: die guten und glücklichen Momente
- Ziele, die Sie durch Ihre eigene Willenskraft erreicht haben
- Fähigkeiten, mit denen Sie Krisen bewältigt haben
- Ihr Umfeld, das positiv auf Sie (ein)wirkt

Über welche Ressourcen verfügen Sie? Sollten Sie das schon einmal reflektiert haben, gut. Wenn nicht ist jetzt die ideale Gelegenheit dazu.
Erinnern Sie sich an Ihre eigenen Ressourcen und schreiben Sie auf Seite 17 die wichtigsten auf. Mindestens 20!
Sollten Ihnen nicht gleich so viele einfallen: Was sagen Familienmitglieder und Freunde, sind Ihre Stärken?

Danach können Sie Ihre Ressourcen unter Ergänzungen wie folgt erweitern:
- **Bei der Aufzählung Ihrer glücklichen Momente:** Was war an diesem Moment für Sie das Besondere?
- **Bei der Aufzählung Ihrer Ziele:** Durch welche Fähigkeit(en) haben Sie dieses Ziel erreicht?
- **Bei der Bewältigung Ihrer Krisen:** Welche Ihrer Fähigkeiten war Ihnen dabei hilfreich?

Insgesamt eine sehr einfache aber kraftvolle Übung, die Sie an das erinnert, wofür Sie im Leben dankbar sein können. Diese Liste wird Sie bei Ihren zukünftigen Planungen und

Überlegungen stets unterstützen und stärken. Hinterlegen Sie Ihre Ressourcen-Seite dort, wo sie automatisch immer mal einen Blick darauf werfen, zum Beispiel in Ihrem Terminplaner oder Ihrer Büroschublade. Diese Fülle an Fähigkeiten, die wir alle besitzen, wird nämlich oft vergessen.

Sollten Sie sich bei der Planung eines Vorhabens nicht sicher sein, ob Sie es bewältigen können: Überlegen Sie, welche Fähigkeiten Sie dafür benötigen. Schauen Sie auf Ihrer Liste nach. Seien Sie aber nicht überrascht, wenn diese tatsächlich aufgelistet sind!

Ressourcen	Ergänzungen
1	
2	
3	
4	
5	
6	
7	
8	
9	
10	
11	
12	
13	
14	
15	
16	
17	
18	
19	
20	

4 Kraftspender

Wer Energie verbraucht, muss auch wieder auftanken. Für den Beruf wird oft alle Zeit und Energie aufgebracht, ohne Wenn und Aber. Es ist allerdings nicht die Energie der Welt, sondern Ihre Energie. Es sind Ihre Ressourcen, die Sie mit der Zeit aufbrauchen.

Wird das Benzin im Auto leer gefahren, wird auch sofort wieder getankt. Die eigenen Ressourcen werden stattdessen leer gefahren und nicht wieder aufgefüllt, was nicht selten einen Burnout oder andere gesundheitliche Probleme zur Folge hat. Wohl dem, der konstant für sich sorgt und vorsorgt. Denn: Sie selbst sind Ihre wichtigste Ressource, die es gilt, optimal und ökonomisch zu nutzen.

Auf die Frage nach dem Ausgleich zum Beruf geraten viele Menschen ins Schlingern. Nicht selten sind ellenlange Antworten mit vielen ‚aber' und Ausreden über Ausreden die Folge: „Ich würde ja gerne, aber ..." „Früher schon, aber Familie und Beruf lassen mir keine Zeit". ...

Wirklich nicht? Wie wichtig sind Sie sich? Welchen Stellenwert geben Sie Ihrer Gesundheit bei der Auflistung Ihrer Werte? Kommt dieser Wert überhaupt darin vor? —› *Kapitel 15: Ihr persönliches Wertesystem, Seite 57*

Wir benötigen unsere Ressourcen, um Anforderungen im Alltag und Beruf zu bewältigen. Alle möglichen und unmöglichen Termine werden vereinbart und organisiert. Dabei werden die eigenen Bedürfnisse oft übergangen.

Ein Abteilungsleiter eines großen Unternehmens ist gleichzeitig Extremsportler (Radfahrer). Er ist verheiratet und hat drei Kinder. Seine Trainingstermine sind als fixe Termine in seinem Outlookkalender eingetragen und geblockt.
("Wenn andere zu Mittag essen, fahre ich Rad.")

Der Sport hat so eine hohe Priorität für ihn, dass die Trainingstermine entsprechend Berücksichtigung in seinem Berufs- und Familienalltag finden. Er ist gesund, wirkt ausgeglichen und bringt in Job und Sport volle Leistung.

Wer jemals Sport gemacht hat, egal auf welchem Leistungsniveau, weiß um die Wirkung und das Gefühl. Körper und Geist vermissen die Bewegung, sobald diese eingeschränkt bis gar nicht mehr im Terminkalender auftaucht. Von dem sozialen Netz, das zum Beispiel ein Verein auch bieten kann, einmal ganz abgesehen.

Es muss nicht immer gleich Extremsport oder Stabhochsprung sein. Sind Sie von Natur aus eher unsportlich? Dann genügen zum Beispiel zwei- bis dreimal pro Woche (fest eingeplante) 30-minütige Spaziergänge. Einfach mal raus, abschalten, den Kopf frei bekommen und Abstand vom ‚sonstigen' Leben gewinnen. Bewegung ist das beste Mittel zum Stressausgleich, positives Körpergefühl inklusive.

Sie allein haben die volle Verantwortung für Ihre Gesundheit und damit für Ihr Leistungsvermögen in Alltag und Beruf. Niemand anderes.

Welche Bewegung macht Ihnen Spaß? Was wollten Sie schon immer mal (wieder) tun? Wobei entspannen Sie sich? Auf Seite 17 unter Ressourcen haben Sie es vielleicht schon aufgeschrieben. Sicherlich fällt ihnen jetzt noch etwas ein.

Grundsätzlich lädt all das, was Ihnen gut tut, Ihre Batterie wieder auf. Das können, neben der Bewegung, Saunabesuche, Massagen, Wochenendtrips sein, oder einfach nur der Tee/Kaffee im nächsten Café um die Ecke.

Tragen Sie sich gleich zwei oder drei fixe Termine pro Woche für Ihre ‚Batterieauflader' ein. Wenn nicht jetzt, wann dann?! Alles eine Frage der Organisation und der Wertschätzung Ihrer eigenen Person.

5 Zielsetzung

> *»Wer kein Ziel hat,*
> *darf sich nicht wundern,*
> *wo er heraus kommt.«*
> unbekannt

Mit der Zielsetzung entsteht eine Verbindlichkeit zum Handeln. Andersherum gesagt, das Handeln richtet sich auf das Ziel aus. Je attraktiver das Ziel ist, desto höher ist die Motivation zu handeln. Aus der Motivation entsteht der Spaß, auf Ziele zuzusteuern.

Der Wille zur Eigenleistung und das Abwägen aller Bedingungen sind Voraussetzungen für die Zielerreichung.

IHR ZIEL: ICH —› WAS —› WANN —› WIE
Ihr Ziel sollte realistisch, das heißt aufgrund Ihres Könnens, Wissens, Talentes und der Sie umgebenden Umständen auch erreichbar sein.

Ein Kreisoberligaspieler, der sich zum Ziel setzt, in 3 Jahren Mitglied der Nationalmannschaft zu sein, kann lange darauf hinarbeiten. Das ist kein Ziel, sondern Utopie.

Nehmen Sie sich die Zeit, Ihr persönliches Ziel zu formulieren und aufzuschreiben.
Das Ziel wird unterteilt in ein Ergebnis- und ein Handlungsziel und immer in der Gegenwart formuliert:

ERGEBNISZIEL
WAS möchten sie WANN und WIE erreichen?
WAS —› Für den Sportler kann es der Gewinn der Medaille in einem bestimmten Wettkampf sein.
Im Business kann es die perfekte Präsentation zu einem bestimmen Termin sein.

WANN —› Bitte legen Sie so genau wie möglich den Zeitpunkt der Zielerreichung fest. Irgendwann mal etwas erreichen zu wollen, ist genauso ungenau wie unverbindlich.

WIE —› Welche Strategie führt Sie zum Ziel? Was muss der Sportler anstellen, um die Medaille zu ergattern? Was der Mitarbeiter, um seine perfekte Präsentation abzuliefern?

Nachfolgend finden Sie ein paar Beispiele für die Formulierung eines Ergebniszieles:

- Ich liefere bei der nächsten AR-Sitzung am … eine gelungene Präsentation ab.
- Ich führe am … um … Uhr ein Mitarbeitergespräch mit Herrn/Frau XY bezüglich der Jahresplanung.
- Ich gewinne am … bei dem Wettkampf XY eine Medaille.

ÜBUNG ⇒

Orientieren Sie sich an diesen Beispielen und formulieren Sie Ihr persönliches Ergebnisziel:

\
\
\
\

HANDLUNGSZIEL

WAS müssen Sie tun, um Ihr Ziel zu erreichen? **WIE** müssen Sie sich darauf einstellen?

Nachfolgend finden Sie ein paar Beispiele zur (Handlungs-)Zielformulierung:

- … indem ich alle erforderlichen Fakten zusammentrage und diese ruhig und selbstbewusst vortrage
- … indem ich die Ziele im Vorfeld zusammentrage und mir vorher Gedanken und Notizen für das Gespräch mache und das letzte Geschäftsjahr reflektiere
- … indem ich tough, selbstbewusst und abgebrüht in den Kampf gehe
---

ÜBUNG ✏️ 23

Orientieren Sie sich an obigem Beispiel und formulieren Sie Ihr persönliches Handlungsziel:

_____

_____

_____

_____

Fügen Sie nun beide Satzteile zu Ihrem Gesamtziel zusammen:

(Ergebnisziel) Ich_____

_____

(Handlungsziel) indem ich_____

_____

ÜBUNG ✏️

Wie attraktiv ist Ihr Ziel für Sie?
Auf einer Skala von 0 (unattraktiv) – 10 (sehr attraktiv) – wo liegt Ihr Ziel?

```
0    1    2    3    4    5    6    7    8    9    10
|----|----|----|----|----|----|----|----|----|----|
```

⑥ Überprüfung des Ziels!

WIE PASST IHR ZIEL ZU IHRER ZUKUNFT UND WELCHEN SINN GIBT ES IHNEN?

Die Sinnfrage ist äußerst entscheidend. Wer keinen Sinn in seinem Tun sieht, wird keine Energie für sein Handeln aufbringen.

Mit welchen Konsequenzen ist die Erreichung des Zieles für Sie verbunden? Vielleicht müssen Sie Ihr Ziel überdenken.

> Eine erfolgreiche Radfahrerin hat die Lust am Sport verloren. Im Coaching stellt sich heraus, dass sie einfach keinen Sinn mehr darin sieht weiterzumachen. Diese Erkenntnis gibt ihr den Weg frei für die Entscheidung, ihre Sportlerkarriere zu beenden, und nimmt ihr eine ungeheure Last.

Das realistische Setzen aber auch das Revidieren von Zielen sind lebensbestimmende Abläufe, die der jeweiligen Entwicklung – **dem IST-Zustand** – angepasst werden müssen. Setzen Sie sich ein klares Ziel, aber bleiben Sie flexibel.

ÜBUNG

Nachfolgende Fragen ermöglichen Ihnen den Blick aus der Distanz:

- Welche Konsequenzen hat die Erreichung des Zieles für Ihre Familie, Freunde?

- Was würde Ihr bester Freund/Ihre beste Freundin sagen, wenn Sie Ihr Ziel erreichen?

- Wer wäre noch davon betroffen?

- Wer würde nicht davon profitieren?

7 Wie entschlossen sind Sie?

Wie bereits in Kapitel 5 erwähnt, ist der Wille zur Eigenleistung die Voraussetzung für die Zielerreichung. Wenn Sie sich für die Beantwortung der nachfolgenden Fragen und den Praxistest ca. 30 Minuten Zeit nehmen, können Sie Ihren Willen und damit Ihre Entschlossenheit überprüfen und festigen.

ÜBUNG

Gefühle können im Körper nachgespürt und lokalisiert werden, genauso die Entschlossenheit für Ihr Ziel.

Bitte schaffen Sie sich ein ruhiges und reizarmes Umfeld. Spüren Sie in Ihren Körper hinein und nehmen sich Zeit für die Beantwortung dieser Frage:
- Wo genau in Ihrem Körper können Sie Ihre Entschlossenheit spüren?

Jeder Sportler muss sich für seinen Erfolg auch körperlich quälen. Blaue Flecken und Schrammen sind keine Seltenheit. Nur wer dies aushält und auch mal die Zähne zusammenbeißt, kann sein Ziel erreichen.

ÜBUNG

Führen Sie Liegestütze in einer von Ihnen bestimmten Anzahl (Selbstprognose × 2, siehe S. 26) aus. Während der Übung wiederholen Sie Ihr Ziel immer wieder in Gedanken oder sprechen es laut aus.

Bevor Sie gleich mit der Praxis beginnen, stellen Sie bitte eine Selbstprognose an:

Wie viele Liegestütze schaffen Sie am Stück mit Ihrem Ziel vor Augen?

Antwort: ___ Liegestütze

Mit der doppelten Anzahl davon als Herausforderung legen Sie nun los.

Nun können und dürfen Sie sich der emotionalen Übung widmen:

ÜBUNG
Beantworten Sie bitte nachfolgende Fragen und schreiben Sie die jeweiligen Antworten auf:

- Bitte schreiben Sie mindestens fünf Gefühle auf, die Ihre Entschlossenheit zum Ausdruck bringen:
  1 _____
  2 _____
  3 _____
  4 _____
  5 _____

- Was werden Sie sehen, wenn Sie Ihr Ziel erreicht haben?
  _____

- Was werden Sie hören, wenn Sie Ihr Ziel erreicht haben?
  _____

- Was werden Sie spüren, wenn Sie Ihr Ziel erreicht haben?
  _____

- Welches Bild passt zu Ihrem Ziel und signalisiert für Sie Entschlossenheit?
  _____

Lassen Sie sich Zeit beim Suchen eines Bildes, das nun aus dem Inneren entsteht. Es kann eine Landschaft sein, ein Tier, ein Gebäude ...

Wenn Sie Ihr Bild gefunden haben, visualisieren Sie es in Form einer Fotografie, eines Bildes oder einer Figur und bringen es in Sichtweite an. Ihre Entschlossenheit und Ihr Ziel sind nun darin verankert und stehen dafür.

8 Umgang mit Druck

> Der Fußballer hat sich für das nächste Spiel einen Sieg als Ziel gesetzt (Ergebnisziel). Rund 90 Minuten später steht es 1:3. Trotzdem wirkt er nicht so niedergeschlagen wie andere in dieser Situation. Denn er weiß, er hat alles gegeben: 100 Prozent (Handlungsziel).
> Das Ergebnisziel wurde nicht erreicht, aber das Handlungsziel.

Viele äußere Faktoren können die Erreichung des Ziels verhindern, oftmals benötigt man einfach auch nur das Quäntchen Glück.
Keine Frage: Ziele sind dazu da, um sie zu erreichen. Sie sind der Motivator.
Manch einer spaziert geradewegs darauf zu, frei von störenden Gedanken. Andere stellen sich permanent die Frage: „Was wird sein, wenn ich dieses eine Ziel nicht erreiche?". Diese und ähnliche Gedanken drängen sich immer mehr ins Bewusstsein, führen in eine Endlosspirale bis hin zur Blockade: Nichts geht mehr.

Natürlich sollten Sie sich über die Konsequenzen Ihres Handelns immer im Klaren sein. Doch entscheidend ist, worauf Sie sich grundsätzlich konzentrieren. Wenn Sie den Fokus auf Ihr Handlungsziel ausrichten, auf das ‚Wie erreiche ich mein Ziel', haben Sie die besten Chancen, erfolgreich zu sein. Denken Sie während Ihres Handelns ständig voraus oder zurück, vernachlässigen Sie Ihre notwendige Handlungskompetenz und bauen sich zudem unnötigen Druck auf. Letztlich fließt unsere Energie immer dorthin, wo wir mit unserer Aufmerksamkeit sind.

> Der Rennfahrer denkt während des Rennens ständig an seinen letzten Unfall. Die Angst vor einem erneuten Unfall wird immer präsenter und bringt ihn, wenn auch immer nur für Sekunden, aus der Konzentration. Er begeht dadurch mehrere kleine Fahrfehler, die ihm schließlich eine entsprechend schlechte Platzierung einbringen.
> Er reflektiert in einem Coachingprozess die Situation und lernt, seine Konzentration auf die aktuell auszuführenden Handlungen zu lenken *(Konzentration in der Zeit, —› auch Kapitel 9, Punkt 3 ‚Aufmerksamkeitsfokus')* Der Fokus verändert sich. Die neue Handlungsstrategie führt ihn weg von seiner Angst. Die Fahrfehler reduzieren sich dadurch immer mehr, bis er schließlich wieder vorne mitfährt.

Im Hier und Jetzt zu handeln führt zum ‚Flow'. In diesem Zustand sind Unabhängigkeit und Freiheit zu spüren, mit der sich Ziele souverän ansteuern lassen. Mit einer positiven und zuversichtlichen Einstellung, einer mutigen Herangehensweise und auch der Akzeptanz, nicht vollkommen zu sein, stellt sich eine innere Freiheit ein.

Was ist das Schlimmste, das passieren könnte? Wird die Welt untergehen, wenn das Ergebnisziel verfehlt wird? Unwahrscheinlich.

Eine vermeintliche ‚Zielverfehlung' birgt neue Chancen und Erkenntnisse. Analysieren Sie Ihre Handlung und überlegen Sie, was Sie wie und wo verbessern können. Richten Sie den Fokus auf die neuen Möglichkeiten, die sich in diesem Fall für Sie eröffnen und welchen Einfluss ein solches Ergebnis auf Ihre Werte wie Familie, Freunde, Hobby hätte. Dieser Blickwinkel nimmt Ihnen den Druck.

Der Fußballspieler hat viele Jahre auf das Ziel hingearbeitet, Profi zu werden. So lange, bis er altersbedingt aufhören muss. Nach zwei Jahren Spielzeit in der Bundesliga muss er sich von seinem Traum verletzungsbedingt endgültig verabschieden. Er muss sich damit auseinandersetzen, was er bislang erfolgreich verdrängt hat: Ein Anknüpfen an die erforderlichen Leistungen wird kaum mehr möglich sein. Es würde ihm, wenn überhaupt, nur für kurze Zeit gelingen und wäre mit einem hohen gesundheitlichen Risiko verbunden. Die vielen Verletzungsphasen haben ihn zudem zermürbt.

> Fußball wird und soll immer Bestandteil seines Lebens sein. In dieser schmerzhaften Phase des Abschieds muss er sich mit Möglichkeiten auseinandersetzen, auf welche berufliche Weise er dem Fußball verbunden bleiben kann. Er nimmt Gespräche mit der Vereinsführung auf und übernimmt kurz darauf eine neue Funktion im Verein. Dieser Job ermöglicht ihm neue Sichtweisen. Er kann seine Erfahrungen als Fußballprofi mit einfließen lassen, was ihn zu einem geschätzten Ratgeber für Nachwuchsfußballer macht.

Dieses Beispiel zeigt: Auch wenn das Ziel verfehlt scheint, wird es eine neue, eine andere Chance geben. Nichts ist umsonst. Was gelernt und vorbereitet wurde, kann zu einem anderen Zeitpunkt und auf einer anderen Ebene genutzt werden und trägt zur persönlichen Entwicklung bei.

Wer sich mit diesen Gedanken auseinandersetzt und anfreundet, hat die besten Chancen, Freiheit und Unabhängigkeit zu spüren.

9 Trainingsfelder

A. SELBSTGESPRÄCHE

Die inneren Abläufe – Gedanken und Gefühle – unterstützen die Äußeren. Die Wendung erfolgt in der Vorbereitung erst im Kopf und dann im Handeln.

Jeder kennt die Situation aus dem Alltag, wenn neue technische Geräte montiert und angeschlossen werden müssen. Oftmals wird die Anleitung mehr oder weniger laut gesprochen und analog dazu Stück für Stück umgesetzt. In diesem Moment leiten Sie sich selbst an. Diese Form der Selbstanleitung kann auf andere Bereiche erfolgreich transferiert und dort angewendet werden.

Genauso können Sie sich mit dieser Form der Selbstgespräche entspannen, aktivieren oder motivieren, aber eben auch das Gegenteil bewirken. Dies legt den Schluss sehr nahe, dass Sie sich mit Ihren Gedanken auf alles einstimmen können – egal ob im Sport oder vor wichtigen geschäftlichen Terminen. Wichtig hierbei ist die ausschließlich positive Formulierung. „Ich gebe 100 Prozent", ist ermutigend und drückt sich auch entsprechend in der Körpersprache aus.

Wenn Sie sowieso denken, dass Sie verlieren, brauchen Sie gar nicht erst anzufangen. Ihr Körper drückt Ihre Gedanken aus, ob Sie wollen oder nicht. Das Sportlerbeispiel zeigt, wohin es führt. Zum Ziel sicherlich nicht, es sei denn man hat sich zum Ziel gesetzt zu verlieren:

Der Kampfsportlerin geht mitten im Kampf der Gedanke durch den Kopf ‚Ich verliere sowieso'. Er ergreift immer mehr Besitz von ihr und drückt sich umgehend in der Körpersprache aus. Der müde Geist und die dadurch erschlaffte Muskulatur bieten ideale Angriffspunkte für die gleichstarke Gegnerin. Der Kampf geht daraufhin in kurzer Zeit verloren. Die Selbstprophezeiung ist eingetreten.
In einem Mental-Coaching wird ein positives Selbstgespräch erarbeitet: Eine aufmunterndes bis aggressives Aufpushen mit einem ‚Ich will und werde diesen Kampf gewinnen' führt in den nächsten Kämpfen zu weitaus mehr Erfolg. Bei einem gleichstarken Leistungsniveau entscheidet am Ende der größere Wille über Sieg oder Niederlage.

Ihre Selbstgespräche/Sätze sollten so individuell wie möglich auf Sie und Ihre Situation zugeschnitten sein. Formulieren Sie sie daher in Ihrer eigenen Sprache.

ÜBUNG

- Überlegen Sie sich einen Satz oder einzelne Wörter, die Sie positiv auf den bevorstehenden Termin einstimmen.

- Überlegen Sie sich einen Satz oder einzelne Wörter, die Sie positiv während des Termins begleiten.

- Diese Sätze/Wörter können Sie mit Ritualen koppeln, wie auf Seite 60 im entsprechenden Kapitel beschrieben.

B. GEDANKEN VISUALISIEREN

Notieren Sie sich Ihren Satz oder Ihre Sätze, die Sie ermutigen, Ihr Selbstbewusstsein aufbauen und momentan wichtig sind, und bringen Sie diese(n) an einer sichtbaren Stelle an. Sprechen oder denken Sie diese Sätze mehrmals am Tag täglich bewusst, zum Beispiel vor dem Spiegel. So gelangen Ihre positiven Gedanken langsam aber sicher in Ihr Unterbewusstsein. In der Folge werden Sie die entsprechende Haltung einnehmen und die notwendige Selbstsicherheit auf dem Weg zu Ihrem persönlichen Elfmeterpunkt aufbauen.

Beispiele
- „Ich bin selbstbewusst und sicher ..."
- „Ich bin gut vorbereitet und überzeugend ..."
- „Ich erreiche mein Ziel ..."

C. KOMPETENZÜBERZEUGUNG

Ich bin überzeugt, die an mich gestellte Anforderung zu bewältigen, wenn ich JETZT 100 Prozent meiner Leistung gebe.

Es geht hierbei um die tiefgreifende Überzeugung von Ihren eigenen Fähigkeiten. Optimale Leistung sollte zu jedem Zeitpunkt und in jeder Situation erbracht werden können. Dabei sollten Sie die an Sie gestellten Anforderungen, ob fremd- oder selbstgestellt, immer realistisch einschätzen.

Die Basketballmannschaft, auf Platz 2 der Tabelle, geht siegessicher auf das Feld. Die gegnerische Mannschaft liegt auf einem der Abstiegsplätze. Am Ende der Spielzeit gehen die anfangs so siegessicheren Basketballer als Verlierer vom Platz.
Die Verlierer lernen aus dieser Niederlage und begegnen ihren Gegnern zukünftig zwar souverän, aber auf Augenhöhe. Die Spiele sind von gegenseitigen Respekt geprägt und auf entsprechend hohem und fairem Niveau.

Weder Über- noch Unterbewertungen von Situationen sind nützlich. Nur wer in allen möglichen und unmöglichen Situationen die innere Organisation auf gleichem Niveau aufrechterhält, bleibt souverän und ist entsprechend erfolgreich und durchsetzungsfähig.

Durch das **Einmaligkeitstraining** gekoppelt mit der Selbstprognose können Sie Ihre Selbsteinschätzung trainieren und damit auch Ihre Kompetenzüberzeugung sowie Ihr Selbstwertgefühl. —› *Kapitel 12, Probeschuss, Seite 47*

D. AUFMERKSAMKEITSFOKUS

Zu welchem Zeitpunkt müssen Sie Ihre
Aufmerksamkeit wohin lenken?

Der Fußballer läuft in das voll besetzte Stadion ein.
Er erfasst zuerst das Stadion mit den Zuschauern, dann
das Spielfeld, die Mannschaft, spürt in sich hinein und
erfasst seinen Gesamt-, dann seinen inneren Zustand.

Nach der Anpassung an die Umgebung erfolgt die situative Anpassung, danach die Analyse des Gesamt- und kurz vor ‚Schuss' – des inneren Zustandes. Der Fokus wird so immer enger gefahren, bis man schließlich im Innersten bei sich selbst ankommt und kurz analysieren kann:
Über welchen Eigenzustand verfüge ich zum
jetzigen Zeitpunkt? Welchen Eigenzustand
benötige ich? Muss ich einen anderen Eigenzustand herstellen?

Konzentration in der Zeit
Die Turnerin macht sich während der Balkenkür Gedanken über die Erfüllung oder Nicht-Erfüllung der in sie gesetzten Erwartungen und stellt Hochrechnungen an. Somit ist sie mit ihren Gedanken nicht da, wo sie sein sollte, ihr unterlaufen in Folge dessen mehrere Patzer und sie steigt einmal vom Gerät ab.

Leistungsergebnisse und die Erfüllung von Erwartungen sind immer erst die Konsequenz einer perfekten (Turn-)Darbietung. Die einzige Chance, diese erfolgreich zu absolvieren, liegt in der absoluten Präsenz der Gedanken im Hier und Jetzt: In der Konzentration **in** der Zeit.

Hochrechnungen während des Handelns anzustellen ist nicht nur müßig, sondern auch unsinnig und nicht zielführend.

Beim nächsten Wettkampf geht die Turnerin hochkonzentriert an die Geräte und konzentriert sich einzig und allein auf ihre Übung und die jeweiligen Übungsteile. Per Selbstgesprächsregulation turnt sie sich absolut konzentriert durch alle Übungen an sämtlichen Geräten.

Sie hat aus ihrer Unkonzentriertheit gelernt und sich eine mutige und entschlossene Herangehensweise erarbeitet. Ihre mentale Stärke sowie ihr Können führen schließlich zu einer sehr erfreulichen Platzierung.

Kurzgefasst ergibt sich folgende Reihenfolge der Antizipation:
- Umgebung/Umfelder einschätzen
- Auf die situative Anforderung fokussieren
- Gesamtbefindlichkeit erfassen
- ‚In sich hineinhören'

Sie können sich diese Form der Anpassung wie einen Konzentrations-Pfeil vorstellen, der immer schmaler wird.
—› *Kapitel 10, Seite 42, Beispielskizze*

E. MOBILISATION/ENTSPANNUNG
Welcher ‚Sportler' sind Sie und welchen Zustand benötigen Sie wann?

Ein Bogenschütze benötigt kurz vor der Aktion einen anderen Eigenzustand als ein Kampfsportler. Der Tennisspieler muss sich in kurzer Zeit entspannen und wieder aktivieren können.

Entspannung/Relaxation wird grundsätzlich angestrebt, wenn man zu unruhig ist. Mobilisation, wenn die Situation einen aktivierenden Zustand erfordert.
Durch regelmäßiges Trainieren unterschiedlicher Entspannungs- und Mobilisationstechniken kann die notwendige Regulation trainiert werden, so dass zwischen Entspannung und Aktivierung ohne Probleme hin- und her balanciert werden kann.

Relaxationsmöglichkeiten und -techniken
- Atmung (z.B. Autogenes Training, Progressive Muskelentspannung, Yoga)
- Reizarme Situation herstellen (z.B. entspannende Musik anhören, ruhige Orte/Räume aufsuchen)
- Einstellen auf Ruhe/Entspannung per Selbstgespräch
- (Selbst-)Hypnose

Jeder entspannt individuell und auf seine Weise. Gerade Musikgeschmäcker sind sehr verschieden. Es ist daher sinnvoll, die für Sie passende Entspannungstechnik/Musik auszusuchen. Bedenken Sie: Jede andere Entspannungstechnik muss erst erlernt und trainiert werden.
Wer von Haus aus zur Unruhe neigt, tut gut daran, eine dieser Techniken mittels Kurs/Trainer eine zeitlang fest in seinen Alltag zu integrieren und als fixen Termin zu installieren.

Mobilisationsmöglichkeiten und -techniken
- Schnell und flink bewegen und Muskelspannung aufbauen (z.B. Strecken/Dehnen, isometrische Übungen)
- ‚Anregende' Umwelt aufsuchen und/oder herstellen (z.B. schnelle Musik anhören)
- ‚Herausforderndes' Selbstgespräch

F. KOPFKINO (VORSTELLUNGSREGULATION)
Überlegen Sie, welche Störfaktoren es gibt und was Sie aus dem Konzept bringen könnte.

Wenn Sie alle möglichen und auch unmöglichen Situationen in Gedanken durchspielen, sind Sie bestens vorbereitet. Die Vorstellung von Abläufen im Kopf (Kopfkino) ermöglicht Ihnen die Erstellung eines Handlungsplanes im Vorfeld. Notwendige Handlungsschritte lassen sich so unterschiedlich präzise herausarbeiten und Worst-Case-Situationen so gut wie ausschließen. Auf jede Präsentation, jedes Verhandlungsgespräch etc. können Sie sich auf diese Weise einstellen.
Ein Elfmeteruhr-Analyse-Buch leistet hierbei gute Unterstützung. —> ***Kapitel 14, Seite 53***

Im Sport können so Bewegungsabläufe mental trainiert, Kräfte sparend erlernt, verbessert und stabilisiert werden. Die Vorstellungsregulation kann ebenso bei der Vorbereitung auf Wettkämpfe und deren (Gesamt-)Ablauf angewandt werden. Zur Unterstützung kann sich eines Wettkampftagebuches bedient werden, gleichzusetzen mit dem Elfmeteruhr-Analyse-Buch. —> *Kapitel 14, Seite 53*

10 Zeit- und Selbstmanagement mit der Elfmeteruhr

Die Reiterin hat am Wochenende öfter Reitturniere. Früher traf sie gerade rechtzeitig mit Hänger und Pferd ein, die Turnierkleidung trug sie bereits. Der selbst herbeigeführte Zeitdruck setzte sie unter Stress. In Folge hatte sie vor Ort nicht genügend Zeit, sich und ihr Pferd an die Umgebung und die Situation zu gewöhnen. Die Turnierkleidung war von der langen Fahrt durchschwitzt, was nicht gerade zum Wohlbefinden beitrug. Entsprechend gestresst ritt sie durch die Prüfungen.

Mit Hilfe einer strukturierten Zeitplans fährt sie nun einige Stunden vorher los, manchmal bereits am Vorabend des Turniers. Sie hat dadurch im Vorfeld die erforderliche Zeit und Ruhe, sich auf das Turnier einzustimmen. Die dadurch gewonnene Ruhe überträgt sich sehr positiv auf ihr Pferd. Die Turnierkleidung zieht sie erst kurz vor dem Turnier an und verbindet es mit einem Ritual, das sie auf die Wettkampfsituation einstimmt. Damit erreicht sie auf einfache und entspannte Weise die innere Einstellung, die sie kurz vor Anritt benötigt.

—> *Seite 60, Kapitel 17, Stabilität durch Rituale*

Die **Elfmeteruhr** dient dem Zeit- und Selbstmanagement. Hier können alle notwendigen Fakten übersichtlich und in der richtigen zeitlichen Abfolge eingetragen werden: Was ist wichtig für den Termin, wann sollte was vorbereitet werden, was muss noch alles bedacht werden?

Mit dieser strukturierten Vorgehensweise können Sie so am Tag der Tage die notwendige Ruhe bewahren und ihr Ziel souverän ansteuern.

Beispiele: Elfmeteruhr

Start:
└─ Datum, an dem mit der Vorbereitung auf den Termin begonnen wird.

Ziel:
└─ Die gelungene Darbietung!

Zwischen diesen beiden Zeitpunkten liegt ein individuell zu definierender Zeitraum (in der Beispielskizze sind es vier Wochen). Die Uhr wird dann, je nach Bedarf, in individuelle Zeitabschnitte unterteilt: Wochen- oder tageweise bis zum Termintag selbst. —› *Abbildung, Seite 42*

Auf dem äußeren Rand wird das genaue Datum eingetragen, im Rand darunter die genaue Uhrzeit/genauen Uhrzeiten und im Innenfeld, was genau an diesem Tag zu dieser Zeit bzw. in diesem Zeitfenster erledigt werden soll.

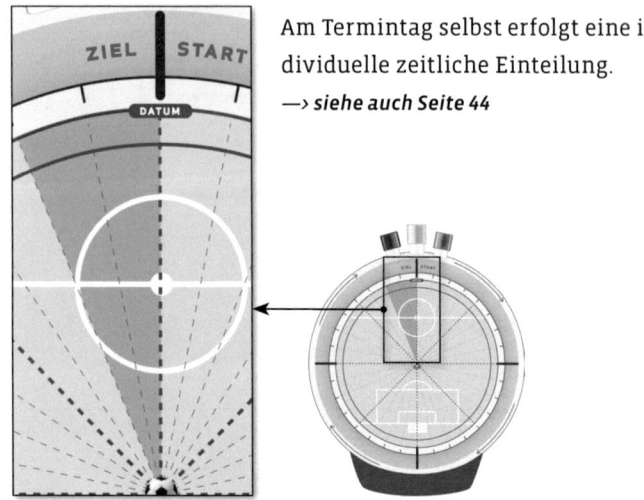

Am Termintag selbst erfolgt eine individuelle zeitliche Einteilung.
—› *siehe auch Seite 44*

⓫ Die persönliche Elfmeteruhr

Ihre persönliche Elfmeteruhr finden sie auf den Seiten 44/45.

Beginnen sie bei **START** und tragen Sie das Datum ein, an dem Sie mit den Vorbereitungen beginnen sollten.
Gehen sie nun die folgenden Fragen Schritt für Schritt durch. Erweitern Sie die einzelnen Punkte gegebenenfalls um weitere, die Sie außerdem noch für wichtig halten. Sollte Ihnen nach Ihrem Termin noch etwas ein- oder auffallen, was Sie im Vorfeld hätten bedenken sollen, fügen Sie es später noch hinzu.
Sie können die Antworten entweder zuerst auf einer extra Seite notieren und Sie anschließend in die Elfmeteruhr übertragen oder direkt eintragen.
Danach können Sie sich zurücklehnen und entspannt Ihren Zeitplan umsetzen.

ÜBUNG 43

Übertragen Sie Punkt für Punkt auf die Felder
in der Elfmeteruhr:

- Wann beginnt Ihre Nervosität vor dem Termin?
Sobald Sie diese spüren, sollten Sie mit der Entspannung beginnen – auch wenn es Wochen zuvor ist.
Dazu notieren Sie **genau**, wie und wann Sie entspannen sowie die Dauer.

- Was müssen Sie noch erledigen?
Zum Beispiel: Fakten zusammentragen, Mitarbeiter informieren, Vertretungen organisieren, Hotel reservieren, Bahn- oder Flugticket kaufen, Koffer packen, Restaurant reservieren, Räume buchen, Handynummern abspeichern ...

- Wäre eine Checkliste nützlich mit Dingen, die Sie nicht vergessen sollten? Wenn ja: Wann tun Sie das und wo hinterlegen Sie diese?

- Wenn Ihr Termin außerhalb liegt: Wann müssen Sie rechtzeitig losfahren, um rechtzeitig vor Ort zu sein, inkl. der Zeit, die Sie benötigen, um sich zu antizipieren?

- Wie viel Zeit benötigen Sie dafür? Schätzen Sie lieber großzügig und planen Sie Staus, Verspätungen etc. ein.

- Weitere Punkte, die noch berücksichtigt werden müssen: _____

_____

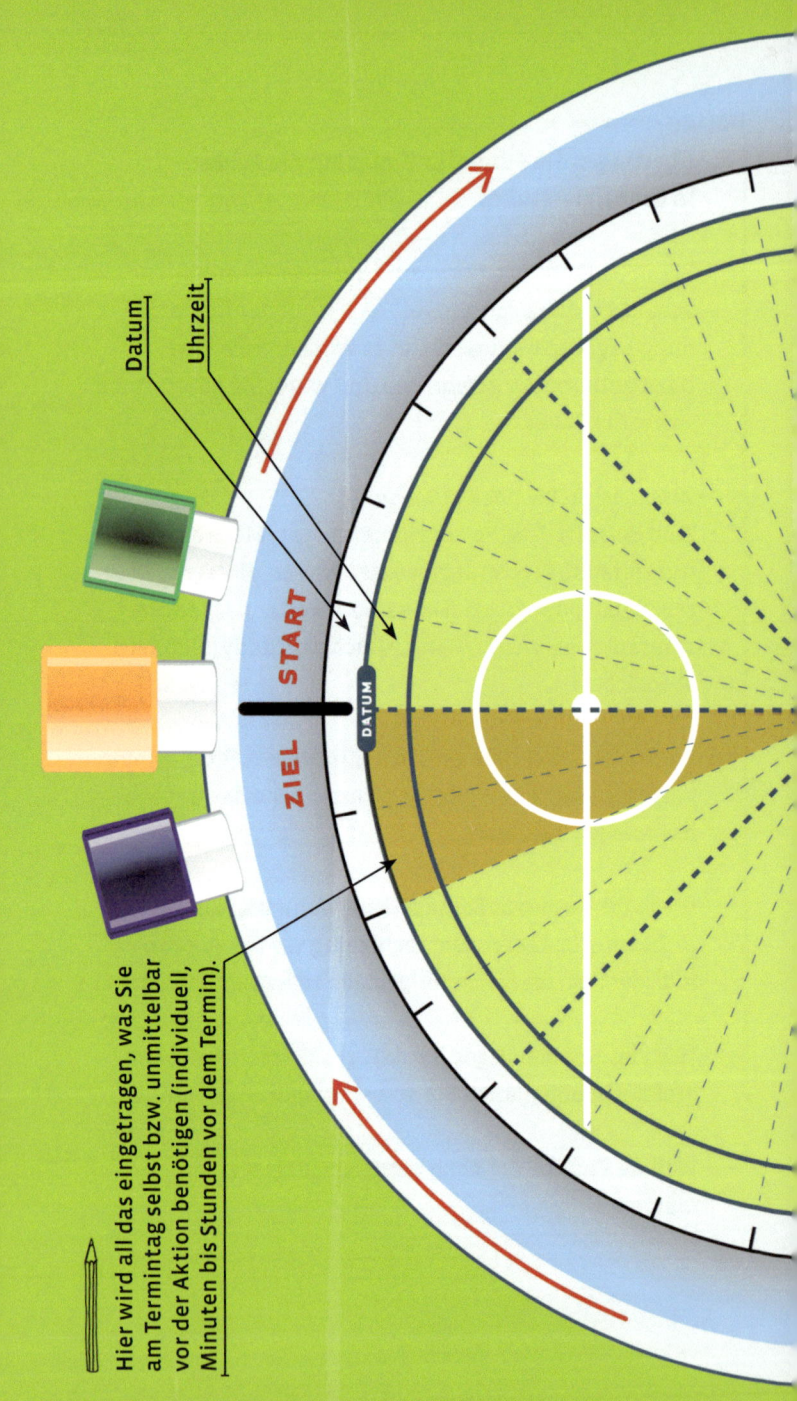

Die persönliche
Elfmeteruhr

ÜBUNG

Bringen Sie die Antworten auf folgende Fragen in die für Sie richtige zeitliche Reihenfolge und tragen Sie Punkt für Punkt in das dafür vorgesehene Feld ein:

- Was müssen Sie direkt vor Ort noch vorbereiten und erledigen? Zum Beispiel: Technik überprüfen, Präsentation durchgehen ...
- In welcher Reihenfolge tun Sie das? Wie viel Zeit benötigen Sie jeweils dafür?
- Welchen Eigenzustand benötigen Sie wann?
- Wann sollten Sie anfangen, sich für die bevorstehende Aufgabe zu aktivieren?
- Wann sollten Sie in einem entspannten Zustand sein?
- Wie müssen Sie sich unmittelbar kurz vor Ausführung der Aktion fühlen?
- Was ist JETZT wichtig?
- Wann sollten Sie sich noch einmal via Selbstgespräch auf die bevorstehende Aufgabe einstimmen?
- Wenn der für Sie ideale Eigenzustand hergestellt ist – **los geht's!**

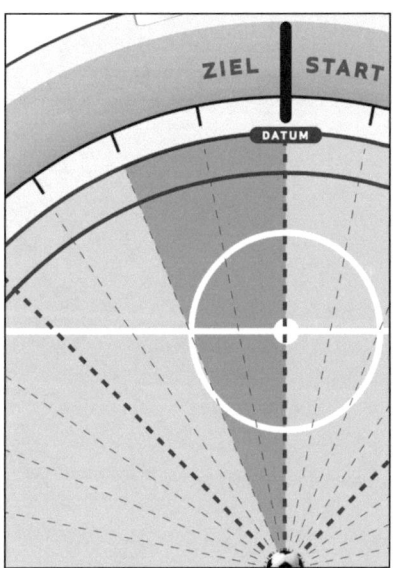

12 Probeschuss

Der Fußballer kann sich auf den Elfmeterschuss vorbereiten mithilfe des Einmaligkeitstrainings, indem er am Ende des Trainings genau einen(!) Elfmeter schießt. Genau diese Anzahl von Elfmeter steht ihm auch in der Realität zur Verfügung. So kann er lernen, sich auf die Situation einzustellen und mit dem Ergebnis umzugehen. Mit einer vorher abgegebenen Prognose kann er noch seine Selbsteinschätzung trainieren. Trifft er, stärkt es sein Selbstbewusstsein, verschießt er, lernt er mit Misserfolgen umzugehen.

Welche Trainingsmöglichkeiten stehen Ihnen für Ihren Termin zur Verfügung?

Damit der Probeschuss auch Sinn ergibt, sollten Sie sich eine möglichst realistische Atmosphäre schaffen. Klären Sie, was Ihnen dafür zur Verfügung stehen muss: Bestimmte Räumlichkeiten, notwendige Technik, ein oder mehrere Probezuhörer/Feedbackgeber für die anschließende Reflektion. Möglich ist auch eine Videoanalyse.

ÜBUNG

Probeschuss mit Selbstprognose –
Wo haben Sie noch Trainingsbedarf? (Seite 33)
- Erstellen Sie eine Selbstprognose:
  Ich rufe .... % meiner Leistung ab.
- Die Präsentation wird so lange dauern wie geplant:
  ○ ja ○ nein
- Alle erforderlichen Fakten sind vorhanden:
  ○ ja ○ nein

Die nachfolgenden Fragen unterstützen Sie bei der anschließenden Selbstreflexion und machen eventuellen Trainingsbedarf sichtbar.

Nach dem Probeschuss: Reflexion –
Trainingsfeld Zeitmanagement (Seite 44/45, Elfmeteruhr)
- Der Termin begann pünktlich:
  ○ ja ○ nein
- Meine Präsentation/Termin dauerte so lange wie geplant:
  ○ ja ○ nein

Trainingsfeld F. Kopfkino (Vorstellungsregulation, Seite 38)
- Ich konnte flexibel auf veränderte
  Situationen reagieren:
  ○ ja ○ nein
- Ich war auf unerwartete Faktoren gut vorbereitet:
  ○ ja ○ nein

Trainingsfeld A. Selbstgespräche (Seite 31)

— Meine vorbereiteten Selbstgespräche waren stimmig:
  ○ ja ○ nein
— Meine vorbereiteten visualisierten Gedanken waren stimmig:
  ○ ja ○ nein
— Mein Fokus war durchweg positiv:
  ○ ja ○ nein
— Meine ‚inneren' Gespräche haben mein Handeln positiv unterstützt:
  ○ ja ○ nein
— Ich konnte mich zum richtigen Zeitpunkt damit aktivieren:
  ○ ja ○ nein
— Ich konnte mich zum richtigen Zeitpunkt damit entspannen:
  ○ ja ○ nein
— Ich konnte mich zum richtigen Zeitpunkt damit motivieren:
  ○ ja ○ nein

Trainingsfeld C. Kompetenzüberzeugung (Seite 33)
Überprüfung der Selbstprognose

— Ich habe die Leistung abgerufen, die ich prognostiziert habe:
  ○ ja ○ nein
  Bei Nein: Wie viel Prozent waren es? ....%

Trainingsfeld D. Aufmerksamkeitsfokus (Seite 35)
- Die Umgebung und Atmosphäre habe ich gut erfassen können:
  ○ ja ○ nein
- Ich habe meine Gesamtbefindlichkeit vor der ‚Aktion' überprüft:
  ○ ja ○ nein
- Ich konnte mich auf die Situation voll fokussieren, frei von störenden Gedanken:
  ○ ja ○ nein
- Ich konnte mich und meine Gefühle wahrnehmen:
  ○ ja ○ nein
- Ich hatte den Eigenzustand, den ich für den Termin benötigte:
  ○ ja ○ nein
- Ich hatte die richtige innere Einstellung zum richtigen Zeitpunkt
  ○ ja ○ nein

Trainingsfeld E. Mobilisation/Entspannung (Seite 37)
- Ich war zum richtigen Zeitpunkt entspannt:
  ○ ja ○ nein
- Ich habe die richtige Entspannungstechnik gewählt:
  ○ ja ○ nein
- Ich war zum richtigen Zeitpunkt aktiviert:
  ○ ja ○ nein
- Ich habe die richtige Aktivierungstechnik gewählt:
  ○ ja ○ nein

Bei Punkten, die mit **Nein** beantwortet wurden, besteht noch Trainingsbedarf. Daraus ergibt sich, in welchem Trainingsfeld Sie sich noch betätigen können.
Reflexion für Trainingsfelder, die nicht in diesem Buch enthalten sind:

Präsentationstools
- Es ist mir gelungen, Beziehungen zu allen Beteiligten aufzubauen:

    ○ ja   ○ nein
- Ich habe das Gefühl, dass der Inhalts-Transfer zu allen Beteiligten gelungen ist:

    ○ ja   ○ nein

Fachwissen
- Alle erforderlichen Fakten wurden zusammengetragen:

    ○ ja   ○ nein
- Alle erforderlichen Fakten waren inhaltlich korrekt:

    ○ ja   ○ nein

13 Das Prinzip der Wiederholung

Ein einmaliges Training löst noch keine erkennbaren und dauerhaften Anpassungen aus.
Regelmäßiges Training ist für Sportler notwendig, da der Organismus zunächst eine Reihe von Umstellungen einzelner Funktionssysteme durchlaufen muss, um eine stabile Anpassung erreichen zu können.

Auch der Geist muss immer wieder trainiert werden, um alte Verhaltensmuster wie alte Filme zu überspielen oder aber völlig neue Wege entstehen zu lassen. Dafür benötigen Sie neben Zeit und Ausdauer vor allen Dingen den Willen zur Veränderung.

Das nachfolgende Kapitel zeigt Ihnen, wie sie ‚Probeschüsse' wiederholen können, bis das gewünschte Ergebnis erzielt wird.

14 Das Elfmeteruhr-Analyse-Buch

»Wer nicht weiß,
warum er schnell fährt,
weiß auch nicht,
warum er langsam fährt«
Niki Lauda

Sollte Ihnen noch der Mut zur Analyse fehlen, aus Angst Ihren Fehlern zu begegnen: Fehler sind Rückmeldungen über den Ist-Zustand und ein wichtiger Hinweis darauf, was Sie noch ‚trainieren' müssen. Besser Sie stellen sich Ihren ‚Fehlern'. Das kostet Sie auf Dauer weniger Energie, als sie zu verdrängen. Sich mit dem auseinanderzusetzen, was nicht (gut) gelungen ist, ist die einzige Chance, daraus zu lernen und es in Zukunft besser zu machen.

Nur wenn Sie bereit sind, die Lage zu analysieren und sich selbst zu reflektieren, werden Sie sich verbessern. Tun Sie dies am besten in schriftlicher Form: Legen Sie ein Buch an, indem Sie ihre Analysen aufschreiben: Ihr Elfmeteruhr-Analyse-Buch. So geht nichts vergessen, Sie können etwas nachtragen und auch nachlesen.

Aufbau und Inhalt des Elfmeteruhr-Analyse-Buches sind grob unterteilt in folgende Punkte, und es kann um weitere Punkte individuell ergänzt werden:

1 Was ist gelungen?

2 Was kann verbessert werden? Was hat Sie aus dem Konzept gebracht und wie können Sie zukünftig auf solche Situationen reagieren?

3 In welchem Trainingsfeld kann noch trainiert werden?

Zu 1 Beginnen Sie mit ihren Aufzeichnungen unmittelbar nach dem Probeschuss und/oder nach dem Termin. Richten Sie Ihren Fokus zuerst auf das Positive und notieren Sie, was Ihnen gelungen ist.

Auch wenn Sie einmal das Gefühl haben sollten, dass alles schief gelaufen ist: Irgendetwas ist immer gelungen, auch wenn es nur eine oder mehrere Kleinigkeiten sind.

Greifen Sie darauf beim nächsten Probeschuss und/oder nächsten Termin zurück und erarbeiten Sie sich so Stück für Stück mehr Selbstbewusstsein als Grundlage für die nächsten Anforderungen.

Zu 2 Im Anschluss daran notieren Sie sich, was Sie noch gezielt verbessern können. Welche unvorhergesehenen Situationen sind Ihnen begegnet, was müssen Sie noch einkalkulieren und wie können Sie in Zukunft besser damit umgehen?

Das können ‚unangenehme' Zwischenfragen der Beteiligten sein, fehlende Fakten, unvorhergesehene Terminverschiebungen ...

Zu 3 Welche Strategie kann Ihnen dabei hilfreich sein, auf welchem Trainingsfeld müssen Sie noch etwas tun?

Diese Vorgehensweise (Punkt 1 bis 3) stärkt Sie für unvorhergesehene Situationen.

Es ergibt sich das Arbeitsschema:
PROBESCHUSS —› ANALYSE —› TRAINING —› PROBESCHUSS —› ANALYSE —› TRAINING ...

Mit diesem Schema erarbeiten Sie sich Stück für Stück Ihre noch ‚unbekannten Gebiete', bis sich bei Ihnen das Gefühl einstellt: Komme was will, ich weiß, was zu tun ist!
Denn:

> *»Nach dem Spiel ist vor dem Spiel«*
> Sepp Herberger

15 Werte

Werte können als Fundament und Orientierung im Leben gesehen werden. Das Handeln ist auf Werte ausgerichtet und kann sich verändern: Wer über längere Zeit krank ist, wird den Wert Gesundheit an oberster Stelle anführen. Ist diese Person über längere Zeit wieder gesund, kann dieser Wert in der Priorität nach unten rutschen. Die jeweilige Gewichtung eines Wertes ist also im Einzelfall durchaus situationsabhängig.

Zum Teil werden Werte nach gesellschaftlichen Maßstäben beurteilt: Ein Top-Manager mit hohem Gehalt genießt mehr Ansehen bei der Mehrheit der Gesellschaft als die Krankenschwester bei gleicher (vielleicht sogar mehr) Verantwortung mit weitaus weniger Gehalt.

Geld und Anerkennung ist für viele Menschen der Anreiz, einen bestimmten Beruf auszuüben. Man spricht hier von extrinsischer Motivation. Der Beruf ist in diesem Fall lediglich Mittel zum Zweck.

Eine Berufswahl, die weder mit einem hohen Gehalt noch mit Anerkennung der Gesellschaft einhergeht, entsteht meist aus einer intrinsischen Motivation. Eigene Wünsche, Idealismus, Sinnhaftigkeit und Spaß stehen im Vordergrund. Intrinsische Motivation ist grundsätzlich prägender und leistungsfördernder als extrinsische.

Die Zufriedenheit, der innere Erfolg, hängt nicht unbedingt vom Äußeren ab und der äußere Erfolg bringt nicht automatisch Zufriedenheit und Glück mit sich. Beides schließt sich jedoch nicht gegenseitig aus.

Man kann durchaus einer bedeutsamen und zufriedenstellenden Arbeit nachgehen und entsprechend dafür entlohnt werden und zugleich Anerkennung von außen erfahren. Anerkennung von außen setzt jedoch die Anerkennung der eigenen Person voraus. Wer seine Werte kennt und sich selbst anerkennt, wird kein Problem damit haben, wenn es einmal keine Anerkennung (mehr) von außen gibt.

Der bekannte Sportler, der an jeder Ecke erkannt und um Autogramme gebeten wird, hat einen Status und eine Form der Anerkennung, die von außen kommt.
Nach Beendigung der Sportkarriere verliert er Stück für Stück diese Anerkennung. Welche Werte bleiben ihm nun? Was ist und war für ihn außerhalb des Sports wichtig und wurde von ihm aus der inneren Motivation heraus entwickelt? Welche Werte prägen seine Persönlichkeit?

---

16 Ihr persönliches Wertesystem

Über welche Werte definieren Sie sich? Was ist Ihnen wichtig in Ihrem Leben, woran orientieren Sie sich?

Wenn Sie mögen, können Sie sich jetzt für die Erstellung ihres persönlichen Wertesystems die Zeit nehmen:

Schreiben Sie die für Sie persönlich 15 wichtigsten Werte auf. Beispiele finden Sie auf Seite 59.

1.	2.
3.	4.
5.	6.
7.	8.
9.	10.
11.	12.
13.	14.
15.	

Aus diesen 15 ziehen Sie die zehn wichtigsten Werte heraus:

1.	2.
3.	4.
5.	6.
7.	8.
9.	10.

Nun daraus wiederum die für Sie fünf wichtigsten Werte:

1.	2.
3.	4.
5.	

Nun können Sie gedanklich noch einen Schritt weitergehen und überlegen:
- Gibt es Lebensbereiche, in denen Sie diese fünf Werte nicht so leben, wie Sie es gern möchten?
- Wenn ja, was könnte der Grund dafür sein?
- Stehen Ihre Werte miteinander in Konflikt?

Ein Beispiel für einen Wertekonflikt ist der Personalleiter, der soziales Engagement als Wert aufführt, aber phasenweise viele Leute entlassen muss. ‚Soziales Engagement' lässt sich vielleicht auf Dauer mit seiner Berufswahl nicht unbedingt vereinbaren. Werte wie Freiheit und Sicherheit können auch miteinander konkurrieren.

> Ein Basketballprofi lebte jahrelang nur für seinen Sport. Für die Familie nahm er sich kaum Zeit und der Freundeskreis verlagerte sich im Laufe der Jahre immer mehr in das Sportumfeld. Sein Fokus ist auf den Sport ausgerichtet und ebenso die Themen, mit denen er sich beschäftigt.
> Nach Beendigung seiner Karriere fällt er in ein tiefes Loch. Er ist Mitte dreißig und wurde bis dato nur als Sportler gesehen und kaum als Mensch.
> Er beginnt wieder Kontakt zu sich als Mensch und zu seiner Familie aufzubauen. Einen Freundeskreis baut er sich außerhalb des Sports wieder mühsam auf.

WERTE-BALANCE

Nur wer seine Werte ehrlich überdenkt und lebt sowie eine ausgeglichene (Werte-)Balance zwischen Arbeit-Familie-Gesundheit schafft, wird sich im Gleichgewicht fühlen und auch ein stimmiges und homogenes Bild nach außen abgeben.

Eine Führungskraft, die höchstes Ansehen in der Firma genießt, sich aber kaum um Familie und Gesundheit sorgt, wird Schwierigkeiten haben sich im Leben zu orientieren, wenn der Job durch Kündigung oder Rente wegfällt. Niemand ist für immer und überall Chef, aber für immer Mensch. Und Familie und Freunde mögen und benötigen genau diesen Menschen. Nur: Als Mensch muss man sich auch zeigen und das bedeutet immer ein Stück weit Selbstoffenbarung. Karriere geht, Familie und Freunde bleiben.

Beispiele für Bedürfnisse/Werte		
Aktivität	Humor	Selbstverantwortung
Anerkennung	Hilfsbereitschaft	
Akzeptanz	Identität	Selbstverwirklichung
Authentizität	Inspiration	
Autonomie	Konfliktfähigkeit	Sicherheit
Bewegung	Klarheit	Sinnhaftigkeit
Bewusstheit	Kontakte	Sexualität
Ehrlichkeit	Kraft	Soziales Engagement
Empathie	Kreativität	
Energie	Lebensfreude	Spiritualität
Engagement	Liebe	Stärke
Erfolg	Menschlichkeit	Struktur
Freiheit	Mut	Status
Freizeit	Nähe	Toleranz
Freundschaft	Natur	Umweltschutz
Frieden	Offenheit	Unterstützung
Geborgenheit	Optimismus	Verantwortlichkeit
Gelassenheit	Partnerschaft	
Geld	Reichtum	Verbundenheit
Gesundheit	Respekt	Verständnis
Glück	Ruhe	Wahrnehmung
Harmonie	Rücksichtnahme	Zeit
		Zuverlässigkeit

17 Stabilität durch Rituale

Rituale sind vertraute Dinge, die Sie immer zu einem bestimmten Zeitpunkt ausführen, meistens ohne darüber nachzudenken. Diese können Ihnen gerade in neuen und ungewohnten Situationen Sicherheit geben.

Wenn Sie sich nun gerade Gedanken über diese vertrauten Dinge machen, fällt Ihnen bestimmt genau so etwas ein.

So wie der Fußballer, der vor dem Spiel immer erst den linken, dann den rechten Schuh anzieht. Der Tennisspieler lässt vor jedem Aufschlag den Ball immer dreimal aufspringen. Mit diesem Ritual gelingt es ihm, sich von der Umwelt abzuschotten und sich auf den Aufschlag zu konzentrieren. Die Taekwondo-Kämpferin legt ihre Ausrüstung immer in einer ganz bestimmten Reihenfolge an und stimmt sich währenddessen mit Selbstgesprächen auf den Kampf ein.

So können auch Sie Ihre positiven Gedanken (Seite 31, Kapitel 9 Trainingsfelder) mit Ihren Ritualen verbinden. Lassen Sie Ihre in Kapitel 9 notierten Gedanken analog zu Ihrem Ritual ablaufen. Durch die ständige Wiederholung stellen Sie die richtige innere Einstellung zum richtigen Zeitpunkt unbewusst her und stellen sich auf die Situation automatisch ein.

18 Merk- und Leitsätze

Mach, was funktioniert!

Welchen Nutzen hat es?

Unsere Energie fließt immer dort hin, wo wir mit unserer Aufmerksamkeit sind.

Was ist das Schlimmste, das passieren kann?

Wir tragen alle Fähigkeiten in uns, die wir benötigen, um Situationen zu meistern und unsere Ziele zu erreichen.

Ebenfalls von Sabine Eich im Buchhandel erhältlich:

An die Spitze
Wie Sportlerpersönlichkeiten
nach oben kommen und dort bleiben
176 Seiten, Paperback
978-3-7386-5244-4
€ 14,95 (D)

Cool siegen mit Mentaltraining!
Wie Erfolg im Kopf entsteht
64 Seiten, Paperback
978-3-8391-6539-3
€ 9,95 (D)

**Wenn sich das Leben
anders entscheidet**
Von Schicksal und Neubeginn
132 Seiten, Paperback
978-3-7562-0605-6
€ 12,90 (D)

Exklusiv über
info@sabine-eich.de erhältlich:

Vorsprung
Motivation und
Perspektivenentwicklung
WORKBOOK
36 Seiten, 4-farbig
€ 14,00 (D)

Danksagung

Vielen Dank an meine ‚Testleser' Sabine Pfannmüller, Annette Klostermann und Carsten Stein. Danke, dass Ihr Euch die Zeit genommen und mir konstruktives Feedback gegeben habt.

Ein riesiges Dankeschön geht an meinen Mann Carsten für seine unermüdliche Unterstützung und Geduld in allen Lebenslagen. Danke an meinen Lektor Rainer Vollmar und meine Grafikerin Christiane Hahn für die geduldige Begleitung von der Entstehung bis zum Druck meiner Bücher.

Sabine Eich, Jahrgang 1967 ist Heilpraktikerin für Psychotherapie und arbeitet als Sport-Mentaltrainerin und Coach. Ihre fundierte Coachingausbildung absolvierte sie am Milton-Erickson-Institut in Bonn.

Seit über zehn Jahren begleitet sie erfolgreich Sportler:innen, Trainer:innen und Teams im mentalen Trainingsbereich und in der Teamentwicklung sowie Menschen in ihren alltäglichen und beruflichen Herausforderungen. Ein Schwerpunkt ihrer Arbeit stellt die Erstellung von Konzepten zur zielgenauen Durchführung verschiedener Trainings und Maßnahmen in Sport und Business dar. Als ehemalige Leistungsturnerin und Mitarbeiterin in verschiedenen Unternehmen und Branchen gelingt ihr mühelos der Transfer vom Sport zum Business.

Wie schaffen es Menschen sich auf einfache Art und Weise zu strukturieren? Diese Frage führte sie zu der Idee ihres zweiten Buches.

Die Coachings zu dem vorliegenden Buch mit dem von ihr eigens entwickelten Tool sind u. a. in der Erwachsenenbildung erfolgreich im Gange.

Herr M. – Perfekt strukturiert!